JN440167

꽃의 고도

심옥남 시집

문학의전당 시인선
0284

꽃의 고도

심옥남 시집

문학의전당

시인의 말

이쯤
모든 당신이
이미 가고 없는 사랑까지
그립습니다.

너무 멀리
너무 오래
줄을 튕긴 탓일까요?

제 시의 숨결이 다정했으면 좋겠습니다.
잊은 듯 아득한 마음에 닿는 기별이었으면 좋겠습니다.

존재하고 살아가고 시를 쓰고……
고맙고 감사하고 미안하고 행복합니다.

당신 덕분입니다.

2018년 여름
심옥남

차례

시인의 말

제1부

족적 13
나방이 14
꽃의 고도 16
더덕북어 18
표면장력 20
동굴의 이면 22
파랑노랑 24
보온병 26
폭발하는 나무 27
연꽃 귀 28
야행성 30
별의 신발 32
신탁 34
민들레 36

제2부

마우스 브리더 39
붉은머리오목눈이 40
가을의 귀 42
일가(一家) 44
바느질 35 46
강 47
섬의 취향 48
쉬프트+알트+N 단축키 50
퍼포먼스 52
푸른 송곳 54
완창 55
쓸모 56
알비레오 58
민달팽이 60

제3부

여여한 63

탈피 64

돌아온 견휜 66

사원 68

둥근 보폭 70

꽃의 사열 72

천년의 잠 73

불볕 74

삼월 76

씨 78

나무의 단추 80

백도(白道) 82

극도 84

그곳 86

제4부

바다와 빗방울 89
거푸집 90
그늘나라 92
철들 무렵 94
눌은밥 95
물 안과 밖 96
탐색 98
너를 묻다 100
초파리 101
곡예 102
궁항 104
롱롱 타임 106
왔다 갔다 108

해설 | 허공, 그 꽉 찬 생멸의 공간 109
정옥상(시인·원광대 교수)

제1부

족적

나보다 먼저 새벽 바다 개펄 위를 걸어간 새
지상에 내디딘 첫 발자국이 두 무릎과 함께 움푹 파여 있다

아버지가 바다로 나갈 배를 힘껏 밀 때처럼
그도 날개를 조여 발뒤꿈치에 온힘을 모았을 텐데

여전히 쉽지 않은 착지
어둠을 밟아 더 깊어진 허공의 발자국들
물결 한 겹만 스쳐도 지워질
허기의 깊은 발자국들

깃이 헐어 날리도록 날개를 접었다 편다
가장 낮은 곳에서 먹이를 구하는
무릎 꺾인 삶의 궤적

저만치 외진 바위에 맨발의 새 한 마리
울컥 목이 길어지고 있다

나방이

새들이 잠들었어 자! 돛을 올려

해는 이미 솔섬 그림자까지 품고 잠들었지만
달은 구름 속에서도 환하지
불빛을 향하여
부드럽게 잎사귀 물결 지는 어둠을 날아올라

저물녘 수숫잎에 애기바람 안기듯 내려앉은
나방의 시간
꽃인 듯 꽃밭인 듯 환한 유리를 껴안고 가마득 깊어간다

닿을 수 없는 것들은 언제나 눈앞에서 환하게 빛났다
수천수만 번 가슴과 배 들썩여 날아도 변방을 면할 수 없던 날들
파도 소리 등을 쳐도 요지부동 앞을 가로막던 투명한 유리벽

꽃봉오리 품고 폭풍 건너온 동백나무와 마주앉아

꾸역꾸역 늦은 저녁을 삼킨다

어둠이 닻을 내려야 깃을 켜는 나방과 나
등대 불빛 향하여 날개를 편다

바다 창엔 달 발자국 깊이 파인다

꽃의 고도

삭정이 품고 꽃 활짝 피운 목련 앞에 서면
빙벽이다

산기슭에 겨울을 앓던 옛집은 흰 꽃그늘 손잡아
제비집 처마 끝까지 따뜻해졌지만
나는 수백 가마 꽃의 고요 앞에서 과거까지 결빙된다

목련 꽃길 같이 갈 수 없어서
꽃의 속도로 피어날 수 없어서
내가 나를 겪는 수천 일 동안 춥고 어두웠다

허리 꺾인 갈대처럼 오래 쿨럭이시다가도
목련꽃 피면 이 봄이 극락 같아야!
삭은 삭신까지 맑은 꽃숨이 드는구나 하시던
당신은 이제 숭얼숭얼 꽃길이 되었다

울음을 다 건넜을 것 같은 고운 눈매
목련 꽃촉을 헨다

서로 가는 길 달라도 극점은 같다는 목련꽃말
저 수두룩 은백의 문장들 무늬들 물결들

눈부셔
얼어붙은 내 등에 퍽 퍽 꽃불이 인다
타오르는 감각들
푸르게 확장되는 길
발끝이 환해진다

더덕북어

말린 바다를 물에 불린다

속이 다 닳아빠지고도 얼고 녹기를 수십 번 거쳐
쫄깃하고 구수한 더덕북어

죽음의 긴 통과의례를 되짚어 갈매기 소리 꾸룩꾸룩 가물거리면
마지막 숨 물고 있던 턱뼈가 부드럽게 풀린다
아가미 들썩거릴 때마다 푸른 물기둥 사이로 크고 작은 가시들 싱싱해진다

간도 쓸개도 다 내주고
이고 져, 물어 나른 먹이 넙죽넙죽 낚아채 먹으며
나는 그의 바다에서 새파랗게 파도쳤다

그가 중심을 잃는다
너덜너덜 해진 가슴지느러미
마비된 몸, 말조차 밭은 등에 욕창이 생겼다

뼛속에 절어 있던 끈적끈적한 바다가 세찬 골수의 물길을 내고 있었다

북어 한 마리 꼬리지느러미를 꺼내 유유히 흘러간다

표면장력

침묵은 올록볼록 엠보싱

수만 평 공동묘지 한구석에 어머니 아버지를 묻었어요
가난은 애장품, 반은 어린 가슴에 반은 땅에 둥근 못을 쳤어요
파란만장 너울도 몇 삽 흙으로 봉합해요

한 줄기에 한 송이 연꽃처럼 완성되는 무덤은
일생(一生)이 압축된 고전

태양이 작동되면 묘지엔 침묵의 밀도가 팽창되죠
푸드덕푸드덕 적막이 날아올라 허공까지 엠보싱

떠난 사람들은 미래의 어린이가 된다지
공을 굴리고 비눗방울을 날리렴
가이아의 품은 울울창창하지

두 손을 모아도 기도는 점점 더 척박해져요

오늘도 초인종을 눌러요, 제발
묵묵부답이 둥근 이곳
유효기간 지난 그리움이 쭈글쭈글해집니다

또 한 분 가난이 복제되는 공동묘지
소심한 묘비는 통성명도 나누지 않아요

하늘은 무덤을 방목하여 푸르고
나는 잿빛 구름을 거두며 폭삭 무너져요

배롱나무 그저 눈시울이 붉어요

동굴의 이면

캄캄한 복도는 아득한 과거
이백여섯 마디로 짜인 태아의 동굴

늦은 퇴근 시간 굽은 하루를 펴고
저벅저벅 어둠이 역류하는 복도에 합류한다
수천 년 묵은 두려움이 밀려와
누군가 뒷덜미를 낚아챌 것 같아
어깨를 동굴처럼 안쪽으로 말고 밖을 향해 보폭을 넓힌다

마흔여섯 엄마의 방에서 위치를 바꾸는 일은 위험했다
돌아갈 수도 머물 수도 없어 발부터 내밀었다
디디는 곳마다 깊은 어둠
아, 나는 어느덧 동굴의 후예
출구를 찾아 필사적으로 숨을 몰아쉬었다

휘청 오층 계단에 내려선다
난간을 붙잡으렴, 계단은 어둠의 높이가 제각각 다르단다
검은 계단의 호흡에 발걸음을 맞추고

굳은 관성의 몸을 수차례 안쪽으로 꺾어야 밖이다
사력을 다해 걸어온, 걸어야 할 길

첫울음을 복도에 두고 와 울 수도 없었다
숨 멎은 나를 제물처럼 윗목으로 밀치셨다
엄마엄마

복도는 하늘과 땅을 잇는 사다리
때론 흔들리고 휘청이며
나는 매일 복도를 답사한다

밖엔 강풍이 불었지만
극한을 넘긴 꽃눈들이 초인종을 누른다

파랑노랑

꽃핀 나무는 가볍다

열매로 건너갈 때 나무의 감정은 무거워진다
점점 휘어진다

꽃잎 한 장 피고 져도 휘청이는 감정의 각도는
바람을 닮아서 사방으로 파장 치지만
열매를 품은 은행나무는 철골을 질러 시퍼렇게 고정된다
열매에 단물이 고일 때까지

딥블루……
아비 죽어간다고 한나절 마당에 꿇어 앉아 외상아편을 구해 온 열다섯 오빠의 무릎 같아

고통의 농도만큼 휘어져 짙푸르던
칠순의 그가 열다섯 딱지 앉은 무릎을 풀고 노랗게 물들어 간다

언제부터 뒷심을 꺾었을까
위, 장, 간, 세상에 조금씩 베어주고 가벼워진다
은행을 털어내는 나무처럼

파랑에서 노랑으로 바뀌는 삶, 횡단의 법칙
결별이 거침없다

다시 먼 길
노랑에서 파랑

보온병

팔팔 끓는 물을 안고 견디려면
제 속은 얼마나 더 차가워야 했을까

얼음물 품고 오래오래 견디려면
제 속은 얼마나 더 뜨거워야 했을까

내 아픔을 품고 뜨겁게 슬퍼해주던
내 기쁨을 안고 뜨겁게 기뻐해주던 사랑

극과 극을 품어도 사랑이 되는 사람은
가슴의 깊이가 진공이기 때문이다

삼라만상을 품은 우주가
마음 안에 있기 때문이다

폭발하는 나무

햇빛이 만조를 이루어
담벼락 쥐구멍까지 출렁인다

봄눈에 꽃송이 수백 개 내주고도
불평 한마디 없이 다시 꽃을 피우는 목련나무 토방에도
꽃발 햇발 붐빈다

벌 나비 바람 햇빛 꽃빛 섞인다
폭발 직전의 융합이다

마당을 같이 쓰던
목련나무와 나 사이가
천만년쯤 아득해진다

연꽃 귀

적의를 알아차려야 했다
심장 깊이 장전된 굵주림일수록 날이 서 번뜩인다는 것을

팔월이 푸른 무릎을 꺾을 때
연못가 옥잠화 그루터기가 충격적으로 흔들렸다

격식을 벗어난 뱀의 몸부림이 사방으로 요동치고
개구리의 마지막 외마디에 연잎 햇살이 와장창 깨졌다

꼬리의 순간들
뺏고 뺏기는 삶이 절절했다

꽃과 새와 구름은 무관한
이 혼란 속에서 숨을 몰아쉬며 어른이 되었다

뱀이 개구리를 물고 사라진 바위틈에서 세상을 내다보며
소멸과 번창의 입구가 하나라는 것을 알았다

사물들은 일목요연 평화롭고
연 이레 개구리 울음을 듣지 못한 연꽃 귀가 얇아졌다
오동통한 새끼 뱀 한 마리가 열시의 햇살 은총을 받고 있다

평온하다

야행성

얼룩을 지우는데
웬 비밀지도가 유리창에 투명하게 드러난다
시작과 끝이 뒤엉켜 천정까지 흐르는 물길

어둠이 내리면
두 개의 더듬이를 켜고 맨몸을 밀어 밤을 파내려 간
민달팽이 울음 같은 길
아무것도 구하지 못하고 발길 돌렸을 막다른 벼랑에
끈적끈적한 점액이 웅덩이처럼 깊다

돌아보면 낭떠러지 까마득한 허공
유리벽에 아슬아슬 몸을 옮기던 그는
부드러운 이파리 찾아 헤매던 한 가정의 밀사였을 것이다
바짓가랑이 밤이슬에 젖어 돌아오던 아버지처럼 빈손이었을 것이다

신문을 던지고 계단 뛰어가는 아이의 발자국이 새벽을 파내려 간다

어둠을 쓸어 담던 청소부가 휘적휘적 유리벽을 내려간다

사무친다 노역의 먼 길
눈부시다 어둠을 새긴 삶의 음각들

빛나는 남루

별의 신발

롱롱 타임!

해남 우황리 바닷가에 물컹물컹한 바위였어
천형의 몸을 일으켜 다복다복 초원의 풀을 뜯고 싶었지

나를 꺼내줘
나를 신어줘

나를 다녀간
새의 발은 너무 작아
물고기들의 지느러미를 빌릴까
나비의 날개를 달까

아! 나는 너무 광활한 장벽

위로처럼 다녀간 물갈퀴 새의 발자국을 끌어안고 수천 년
끝이 보이지 않던 무거운 삶의 가장자리에 나무토막을 곁대 수억 년

어느 날 눈빛 선한 브라키오사우루스의 발소리가 들렸어
나를 열어줘
나를 피워줘

따뜻한 맨발의 감촉에 심장이 쿵쾅거렸지
내가 푹푹 꺼지는 수렁이라는 것도 모르고
한 발에 한 생 어둠의 낙인이 찍히는 줄도 모르고

대지의 발자국 종유석
별의, 별 같은 꿈을 좇아서 찾아간 바닷가
탄생의 진원지처럼 나를 스쳐간 세월을 맞추는데

공룡 발자국 한가운데 큰 별 하나
내 손바닥에 별 하나
똑같아

신탁

길을 잃고
편백나무 숲엘 갔다

풍문보다 깊은 적요가 시간을 되감고 있었다 발소리 맞잡혀 숨 가쁜 길, 숲 안쪽으로 가팔라지는 시간을 얼마나 헤맸을까? 얼굴 없는 새들이 주문을 푼다 검은 태양이 철커덩 청동 성문을 연다 신들의 속삭임 방울 소리 노랫소리 칸칸 이끼 낀 골짜기, 나무들은 뿌리까지 푸른 돌기둥이 되어 가고 있었다

돌무덤 앞에 머리 조아려 미래를 묻는다

하늘 길 놓친 담쟁이가
수십 겹 숲 그늘 펼쳐 바닥에 터를 넓힌
엉켜서도 환한 길 열어준다
서로의 그늘에 어린 가지 묻던 편백나무는
옹이 진 등줄기를 세워
직립의 길 하늘로 열어준다

발 묶여서도 산맥을 키우며
스스로 길이 된 목숨들
허공을 세우는 굵은 보폭들

비로소 보이는 내 안의 길

민들레

터벅터벅
실업급여 타러 가는 좁은 골목길

발끝에 채여도
무심히 지나치는 게 불문율이다

비정규직의 봄은
갓길로 온다

제2부

마우스 브리더*

수컷 카디널 피시는 알을 입속에 품어 부화시킨다지
심해 어둠과 추위 속에서 수년간 알을 품는 문어도 있다지

식음 전폐하고 야위어 가는 포란의 세월
새끼들의 부화를 지켜보며 죽는다는

부모라는 이름의 저, 지독한 오해
진화를 거부하는 일방향성 사랑

당신도 그렇다
가난의 극한을 넘어 이미지가 된

신문 한 귀퉁이에 실린 노인의 고독사를 캡처 한다

---

*마우스 브리더: 입 안에서 알이나 새끼를 부화시켜 기르는 관상용 열대어.

붉은머리오목눈이

은목서 허리에 호랑가시나무 이름표가 묶여 있다

바람이 갸우뚱 읽고 갈 뿐
정작 나무의 무심은 실핏줄까지 푸르다

보풀 같은 꽃을 잎 그늘에 피운 은목서 곁에
호랑가시가 빨간 열매를 꽃처럼 매단 시월
붉은머리오목눈이 그녀의 부음을 듣는다

본처의 빈자리에 그늘처럼 흘러와
곁 자식 아홉 남매를 도붓장사로 키운 냉천댁은
키가 작고 눈매가 서늘했다
본처의 이름으로 살아온 그녀를
더러 엄마라 불렀단다

사계절 소문 무성하던 그녀가 은목서라는 것을
호적에도 오를 수 없어 처녀로 늙은 빈처라는 것을
입관 끝나고 적빈의 향기가 뜰에 찰 때야 알았다

은목서 몸통 깊이 파고든 철사를 끊을 수 없어
호랑가시나무 이름표를 가만히 돌려놓는다

뻐꾸기 새끼들이 꺽꺽 운다

가을의 귀

바람의 잎맥이 굵어져 은목서 향기 톡톡 터질 때면
세상의 중심은 은목서 뜰로 옮겨진다

마당은 향기 공화국

국적이 다른 구름이 몰려들고 부리 다른 새들도 집중한다
무심하던 사람들이 기웃거리고 호랑가시나무 열매도 낯을 붉힌다

모두 꽃의 후예처럼 향기로워지는데
하필 이때 은목서 향기에 실금을 내는지

살구나무가 부스럼 돋은 가지를 흔들며 서성거린다
모든 고통과 궁핍은 향기의 진원지라 믿으며
꽃보다 달콤한 열매를 맺고 싶었을까

은목서 뒤척임이 치렁치렁 짙은 늦가을
가지마다 꽃눈을 봉해두고

몸져누운 어머니가 꽃받침을 놓으셨다

가을의 입구가 닫히고
동쪽 하늘에 둥근 조등이 걸린다

슬픔이 유전되는 계절
은목서 호흡이 깊어진다

일가(一家)

저물녘

고양이 한 마리가 길을 건너려다 나와 마주치자 복판에 정물처럼 앉는다
털 하나 날리지 않고 나를 경계하며 깊이 응시하는 부동자세에 기죽어 멈추어 선다

잠시 후 가까스로 풀섶을 열고 새끼고양이 한 마리가 걸어 나온다
아장아장 어미 품에 안겨 아양을 떠는데 어미는 나를 향해 여전히 냉혹하다

새끼고양이 한 마리가 또 나온다
어미는 여전히 내 쪽으로 모든 뼈를 세우고 새끼들은 달랑달랑 부드럽다

일가(一家), 길이 금세 가득 찬다

돌아서 길을 터주는데도 한사코 빈 논으로 길을 돌리는 어미의 어깨 근육이 어스름 속에 팽팽하다

고양이가 털끝을 세우고 바위처럼 앉아 있던 자리에 서서 되돌아본다
웅크림을 풀지 않던 고양이의 적의와 의심과 과장이 낯설지 않다

바느질 35

어둠이 보자기를 펼치면 사물들은 실을 꿰어 몸을 잇댑니다 마른 바람에 꽃을 놓친 갈대는 미루나무에 깃든 새소리를 덧대어 문을 닫고 강물은 어둠의 동맥처럼 밤을 밝힙니다

공중에 별을 수놓은 거대한 꽃이불이 펼쳐졌습니다 나무와 풀과 새들의 노숙이 따뜻하도록 실밥 하나 없이 크고 작은 별을, 멀고 가까운 성단을 누벼 완성된 밤하늘입니다

물병자리별이 반짝입니다 메마른 땅에 물을 부어라, 길 잃고 헤매는 십오만 개의 저를 손잡아 여며주신 어머니의 성단입니다 꼭꼭 누빈 꿈의 가장자리가 유난히 반짝입니다

나날의 궤적이 서툴러 나의 실은 어둠을 여밀 수가 없습니다 안개에 갇힌 가을을 열 수 없어 봄을 잃고 가을에 피는 풀꽃처럼 여위어갈 때 하늘꽃이불을 끌어당깁니다

가시거리 짧던 기도가 길어져 맨발의 물소리를 덮습니다 별 무늬가 금빛으로 출렁거립니다

강

아득히 먼 날
세상에 내려 쓴 일필휘지

저 달필의 구불구불한 획을 강이라 부르지

가장 낮은 곳만 골라 긋느라
어깨 힘 풀고 숨 고요히 모았을

태곳적 숨결 아직도 싱싱한
굽이쳐 흘러도 끝이 바다에 닿아 있어
푸른 수평을 꿈군다

굽어 있어 더욱 곱고 아름다운
어떤 후회로도 되돌아 흐르지 않는

가장 낮은 자리에서 하늘을 담는
청묵의 명경

섬의 취향

오늘은 밤바다와 서먹한 관계
모래알처럼 가슴에 다리를 묻고
닿지 못한 쪽으로 마음을 기댄다

달의 경보는 상큼하다
경쾌한 발걸음이 룰루랄라 중천을 지나간다
바다도 수평선 쪽으로 가볍게 중심을 민다

확장되는 달의 나라

솔섬이 소나무 몇 그루 손잡고 바다를 벗어난다
젖은 허벅지를 해변 끝 산자락에 내리자
물에 잠겼던 건너 산이 솔섬의 시간을 잇는다

달의 나라가 번창한다

달빛을 마시고 출렁이는 사람들은
수평선을 꺼내어 바다가 되고

아직 수평이 되지 못한 나는
바다의 성향을 따져 물으며 파도친다

밤을 안고 이불을 끌어당기면
기다림의 목록이 달의 나라에 전송된다
숨비기꽃 숨소리 바람 소리 거칠어진다

달의 발목에 투명한 심줄 불거진다

쉬프트+알트+N 단축키*

목련꽃 한 숭어리만 피어도 허공은
몇 자 아래 내려간 문장처럼 늘어났을 텐데
햇살 한 올까지 팽팽하다

꽃숭어리만큼 블록을 지정하고
쉬프트+알트+N 자판 한꺼번에 눌러 간격을 좁혔던 거야
누를 때마다 허공이 점, 점, 점 옆으로 걸음을 옮겼고
꽃이 깨금발로 발, 발, 발 윗줄로 올라간 거지

꽃향기 펄 펄 펄 넘치면
다시 그 향기, 여백까지 지정하고
쉬프트+알트+N 글자키를 누르는 허공
바람이 재금, 재금, 재금 자리를 좁혔을 테고
향기가 졸, 졸, 졸 바람 곁으로 올라섰던 거야

꽃자리에 엉덩이 넓은 열매들이 앉을 때도
구름이 머물고 새떼가 들고 날아도
해와 달과 별이 출렁출렁 넘쳐도

본능처럼 누르는 쉬프트+알트+N. N. N……

천지간 사람 하나 들고나는데 무슨 자취가 있겠냐지만
지는 꽃잎 한 장, 바람 한 톨까지 품고
제 스스로 알아 자동 실행되는
쉬프트+알트+N. N. N

허공, 저래 봬도 고밀도다
허공, 저래 봬도 고탄력이다

---

*컴퓨터 워드 작업에서 글자의 간격을 줄이는 단축키.

퍼포먼스

소멸이 주제죠

언포 바닷가에 허물어진 어판창고, 나는
삼백예순다섯 날 공연 중입니다
오늘도 관람석 가득 바다가 들어찼군요
표를 구하지 못한 바람이 접근금지 밧줄을 넘고 있네요
삶에는 금기가 있게 마련, 소금기둥이 될지도 모를 일
철새들이 물고 간 간판은
가족사에 비린내를 기록하겠지요
문짝 하나씩 떼어내는 행위는
한때 반짝반짝 빛났던 마음이 드나들던 곳이어서
시간이 필요하죠
때로 기막힌 반전이 일어나죠, 보세요
숭숭 뚫린 처마 끝에 새들이 둥지를 틀었네요
새의 체온으로 한 계절 훈훈하답니다
들고양이가 빛바랜 코카콜라 의자에 앉아
살아내는 일이 허물어져 가는 일이라고 끄덕입니다
왁자지껄 들끓던 인정들은 떠났지만

바람 소리 파도 소리에 귀가 순해져
심장 덜컹거리는 소리 무릎 삐걱이는 소리
나를 듣는 일이 잦아지네요

나를 포함해야
언포 바다의 역사는 완성되죠

푸른 송곳

초여름 뜰에 줄지어 선 메타세쿼이아들
단전에 힘을 모으고 있다

등뼈 곧추선다
어린 가지들이 낯선 길에 고사리발 올려놓을 때마다
휘청거렸을 뿌리는
꿈의 반경까지 어림잡아 어둠 깊이 솟구치고 있다

가장 여린 가지 끝을 벼려 길을 내는 나무는 안다
하늘로 가는 법을

단단한 허공

완창

배롱나무에 꽃이 솟구친다
폭발음 붉다

이끼 낀 곁가지에 수십 해 묵은 꽃봉오리들
펵펵 터진다
좁고 깊은 뜰 몇 폭씩 환해진다

삭은 가지 협곡까지 분홍 보라 자주 하양 빨강
화염이 번지고

고적한 시간의 불기둥에
활짝 핀
판소리 한 마당

나비의 추임새까지 걸쭉하다

쓸모

1.
문득 이면지는 나무의 등이라는 생각

바람과 비와 햇살로부터 당당하게 맞서오던 앞이 아닌
애벌레와 나방과 새들을 키워오던 이파리의 뒤쪽 같은

사심 없는 이면에 시를 적으면
미완의 시가 애벌레처럼 꿈틀거리며 꿈을 키울 수 있겠다
맑은 날 날개를 활짝 펴고 창공으로 날아오를 수 있을지도

2.
엄마의 등 소의 등 낙타의 등 발의 등
삶을 끌어안고 타인을 업어 키운
이면지 같은 내게도 등이 있다고
허나
욕망과 울분으로 가득 찬
머언 과거를 짊어지고

짐짓 굳어버린 마음의 뒤쪽

구석에 수북이 쌓아둔 종이
차마 버리지 못하고 아쉬워 뒤적여보는
버려도 크게 아쉽지 않을 이면

알비레오

나는 이중성이죠
고니의 부리 끝에서 오렌지색과 푸른색으로 빛나죠

하지만 하나로 반짝이는 별

당신으로부터 너무 멀리 있기 때문이지만
멀리 떨어져서도 서로를 중심으로 돌기 때문이죠

나의 세계를 수정합니다
고니가 날고 있는 은하수를 중심으로 시야를 넓힙니다

당신과 나
보이지 않는 세상과 보이는 세상
끝없이 수정하다 보면
하나가 될

두근두근 자꾸만 별이 피는
거기 속눈썹 긴 별이 수두룩 살고 있는

문득 어마어마한 세계가 내 안에 생겼습니다

민달팽이

내 모자는 내 머리보다 크지
내 신은 내 발보다 크지
나보다 크지 않고는
나를 입을 수 없는 나의 바깥들

목보다 큰 목걸이를 걸고
손가락보다 큰 반지를 끼고
거리를 나서네

몸 하나에 몇 벌의 바깥을 걸치고
몸 하나에 몇 개의 이름을 휘감고 사람들을 만나네

나보다 커서 나를 감싸주는 허물들
나보다 커서 나를 빛내주는 사물들
허물없이는 단 하루도 살 수 없는 세상살이

민달팽이 한 마리
천—천—히 하루를 건너가네

제3부

여여한

어제의 슬픔보다 오늘의 슬픔이 짧아졌네
한쪽이 더 무겁던 사랑이 가벼워진 탓이네

먼 곳에 놓인 시선을 발치로 거둔 후

나무는 흔들림의 각도가 조금 더 좁아지고
바람은 나무에 머무는 시간이 짧아졌네

한 사람이 먼 길 떠났지만
더 이상 외로움 쪽으로 마음 기울지 않네
그 길로 다시 한 사람이 푸르게 걸어온다는 것을 알았기에

푸른 초목도 헤성한 삶도
모두 자라고 있는 중
무성해지고 있는 중이라 했으니

먼 과거로부터 나날이 싱싱해지고 있는 중이라 했으니

탈피

S# 현재
달이 걸어 나온다 의족을 신었다
사생활이었으므로 달의 뒤쪽 그늘을 가꾸었다
어둠이 자랐다 별의 별들이 빛났다
가장 가까운 별 하나가 말을 건다
눈을 바라보았을 뿐인데
별의 이마가 어두워졌다
별을 스쳐 날던 새들의 날개가 캄캄해졌다

S# 과거
마흔여섯 여인의 아기집으로
멋진 사내가 걸어들어 간다
달이, 검은 달이 천 개나 떠서 캄캄하던
그 곁 별들이 대책 없이 어두워지던 날
구름이 구름다리가 되어 그를 받아냈다
그의 울음은 사물들의 중심을 관통하여 노래가 되었다
구름의 노래, 바다로 간 노래, 유행이 지난 노래

S# 미래

검은 달빛이 연주되는 동안 달이 걸어 나온다
삐거덕 삐거덕 의족을 신은 달이 구름을 디디면
밤이 한 웅덩이씩 깊어진다
달은 늘 똑같은 보폭으로 걸어가고
나는 늘 달의 뒤쪽을 경작했지만
금생(今生)이 한 폭씩 밝아지는
어둠도 삶이어서
갈아엎기는 딱 좋아!

돌아온 견훤

한 사람을 오래 생각하는 동안

잘 익은 연잎이 빗방울을 귀빈처럼 모신다
한가운데 방점을 찍고 펴져 나가던 잎맥이
빗방울에 확대되어 길이다

봐라, 이 길을 지나쳐 왔니 걸어가야 하니 길을 잃은 거니
나아가는 게 바른 길 사용법이라 우기며
나는 잎맥을 따라 밖으로만 걸었다

물방울처럼 엎질러져 흐린 못물의 시간을 건너는 동안
승리한 병사들처럼 구름다리를 구르는 사람들
흔들리는 생이 저토록 유쾌할 수 있다니, 있구나

한 대궁에 한 송이 대찬 왕골의 혈통 연꽃이 피었다
방점으로부터 먼 외줄기 넘실넘실 우거져
아비를 배반한 자식을 배반한 역사가 못물처럼 흐리다

여밀 수 없는 후백제의 아픔인 듯
한 무리 구름은 연못을 가볍게 벗어나는데
모두모두모두
흘러갈 수 없어 꽃으로 핀 연못

한 사람을 오래 잊는다

사원

날개가 있었죠

연지 마당 약사여래 손바닥에 죽지 다른 새들이 모여요
휘휘 찍찍 쿡쿡 절 한 채를 모셔요
궁궐에서 날아왔을까 무덤에서 솟구쳤을까

삼삼오오 서로 다른 음계 서로 다른 옥타브
길고 짧은 문장들이 제단에 차려져요
간구일까 감사겠지 웃음일까 울음일 거야

온갖 새소리를 즐겨
마당은 가장자리까지 붐비고 대웅전 꽃살문도 활짝 피어요
소리들이 줄렁줄렁 구석방까지 차오르면
날개 잃은 한쪽 견갑골이 시큰시큰 아려요

문득 둥지를 떠나버린,
나를 버려서 가벼운 당신은 명부전에 있지만
도무지 당신을 이미지화할 수 없고

파닥이며 다가갈수록 아득해지는 접경
애도가 용납되지도 않아요

여기는 새들의 사원
겨우 목숨을 부지한 매미가 떼액떼액 울어요
내 울음과 채도가 같아

겁도 없다 싫어요

둥근 보폭

어딜 다녀오시나

발목에 쇠사슬 걸어 우렁우렁찬 소리
물살을 처억척 말아 어기어차 내딛는
장단지가 굵다

차르륵 팍 퍽 착 자그르르 재그르르르 걸음을 풀고는
흰 발가락을 내밀어 해안을 살며시 디뎌보는 물살들

미안한 듯 부끄러운 듯
종종종종종종종
다시 뒤로 물러서는 흰 포말들

한 발 내딛기 위해 몇 발씩 뒤돌아 나가는
느리고 둥근 보폭

사랑도 저 걸음으로 돌아왔겠거니
내가 나에게로 가는 것도 저처럼

더디고 더디었겠거니

멀리 멀건
둥근 낮달

꽃의 사열

화환의 콘셉트는 활짝 웃음이다

장례식장에서도 웃음은 철저히 유지된다

무너지지도 헝클어지지도 않는 꽃벽

웃음을 물고 죽은 꽃이 관 속에서 환하게 웃는다

저 환한 주검, 주검조차 웃음인 화환의 근성

꽃의 비애가 사람의 비애를 위로하고 있다

활짝! 화알짝!

천년의 잠

처마를 내지 않았다
나뭇잎 돌돌 말아 마른 송편 같은 집
토방도 없다

냉천 아래

황소바람이 멱살을 잡고 흔들어도
함박눈이 창문을 쾅쾅 두드려도
쿨 쿨 쿨 쿨

저 단호하고 견고한 잠

아까시 노루장 뽕나무 감나무 맨가지에
마른 잎처럼 매달려
척 척 단꿈이 익는 도롱이벌레

대체 누가
저 쇠고리를 걸라, 일러주었을까

불볕

수의사가 고개를 저으며 나가자
어미 낙타가 우리 안으로 황급히 들어간다
한 발 뒤처져 아비 낙타가 따라 들어간다

마른 풀 위에 누운 새끼의 초점 잃은 두 눈을
몇 시간째 꼼짝하지 않고 지켜보고 있다

비 내리던 날 구유물 뒤로하고
어린 새끼와 긴 속눈썹 서로 부비며
바닥의 빗물 찝찝 마시며 오지게 정답더니만

우리 안에 붙박인 어미나
안절부절못하고 들락거리던 아비
등허리의 단봉이 푹석푹석 녹아내린다

동물원은 여전히 염천
신열이 멎고 사막으로 돌아가는
아기 낙타의 마지막 숨소리를

모래바람으로 전해들은 날

단봉을 끌어안고 떠나신 당신
마지막 몰아쉬던 숨소리가 밀려온다

삼월

봄을 잃고 시큰둥했다
꽃무늬 외투와 나비구두조차
장롱 구석에서 후줄근해져 갔으므로 혹시나
한 발 한 발 마른 걸음을 문 밖에 놓아보았는데

어쩌면! 벌써 볼>볼옴>보옴>봄이다
눈길 닿는 곳마다 새잎, 새싹을 내놓고
청홍 백매까지 피워보라고 봄, 봄인가
외치는 나무와 땅과 하늘의 침묵이 보인다

끝없이 둥글고 너그러운 연둣빛 봄밭을
가꾸고자 했으나 손이 시렸다

햇살을 말가웃 남짓 눌러 담고
새털구름 청보리 어린 강물 목련 꽃송이를 빌려 써야겠어
실업의 가장자리엔 장다리꽃과 나비를 들이고
묵은 씨앗도 마저 심어볼까

외투자락에 접혀 있던 꽃잎 한 장 피어나는
환상, 이 환장할 봄

씨

강천산 금강 계곡 여기저기
수리딸기 씨 섞인 짐승 똥을 본 후

갈참나무 아래
가리나무 아래
싸리나무 아래
억새 덤불 아래

겹겹의 그늘 속까지 시야가 넓어져서는
새빨갛게 익은 뱀딸기 앞에 마음이 머문다

두터운 그늘 어디를 헤쳐 빨강을 쓸어 모았을까
죽음의 준비 완료가 한 점 의혹 없이 붉고 달다

햇빛에 닿으려고 하루에도 몇 번씩 키발을 디뎠을 잎과 줄기와 뿌리도 여전히 씩씩하다

새와 너구리와 멧돼지의 뜨거운 내장 속을 통과하여

온 산에 퍼진 수리딸기나무, 그 야무진 죽음에 유혹된 후

그늘진 습지에서 가계를 잇고 있는
뱀딸기 맛과 모양과 빛깔에 대하여
삼보일배의 마음으로 하산한다

나무의 단추

멀리 담장 안이었어

봄눈 건듯 다녀간 뒤
목련나무 두 그루가 나란히 젖은 꽃눈을 말리고 있었지
손닿지 않는 먼 가지에 서로서로 햇살을 얹어주며
그늘을 뒤적일 때 가지가 깊이 출렁이기도 했지

햇빛 쌓이고 그늘 엷어지면
하얀 꽃숭어리들 풍선처럼 부풀어 오를 거라
하늘도 순백의 꽃빛에 닿아 환해지리라
흰 목련꽃나무를 상상했지

수천 개 단추 구멍에 채워진 수천 개 단추를 열고
꽃이 피었지
한 나무는 자색 꽃송이를 팡팡 터뜨리고
한 나무는 백색 꽃숭어리를 펑펑 터뜨려 놓은 거야

자줏빛 흰빛 보세요 오세요 안녕하세요

서로 다른 꽃빛 어찌나 명랑하던지

처음으로 돌아가
그대와 내 꽃빛을 찬찬히 기억해 보았지
백목련나무 가지에 백색 꽃이 피고 지는 동안
자목련나무 가지에 자색 꽃이 피고 지고 있었던 거야

맞아 서로 꽃빛이 다른
서로 다른 나무의 중심

백도(白道)

얼음발 쟁쟁한 소사나무 가지에 눈썹달이 든다
느릿느릿 의자를 내는 늙은 나무
적요롭던 뜰에 달빛 가득 차오른다

길과 길이 만나는 곳은 의자를 놓기 좋은 자리
달의 길과 나무의 길이 수직으로 만나는 그 자리

달이 의자에 걸터앉는지 기우뚱 흔들리는 잔가지들
나무는 밤새 차가운 바람을 품어 한 마디 더 굽었다고
빛을 빌려 빛나는 달은 그늘이 한 폭 더 넓어졌다고

도란도란도란

소사나무 그늘을 벗어나는 달 한쪽이 조금 더 야위어간다
동풍에 긁힌 가지가 달의 기슭을 스치며 흔들린다

보폭을 바꾸지 않은 달이 있어
고향 언덕 마루엔 늙은 소사나무 의자가 있다

바람이 더 많이 앉았다 가는 빈 의자가 있다

궤도는 있으나 궤적이 없는
달과 나무와 한 사람의 길
희다

극도

나는 점점 단순해지고
너는 골짝마다 극진하게 피었구나

마음의 외곽까지 사로잡는 꽃빛에
기댈수록 들리던 뿌리 끝이 촉촉해진다

모여 살아도 혼자인 것이 상사화 너만이 아니라고
기슭 깊은 꽃물결을 어루만지는데

손끝에 짚여
짧게 다녀가는
웃음들 울음들

한자리에서도 함께할 수 없던 시간을 밝혀
너는 일제히 붉고
나는 뼛속까지 희붉다

뿌리 깊숙이 스며들었거나

가을 언저리에 머무는 풀빛을 거두어
하루를 꾸린다

그곳

마디 굵은 기억에 매달린
붉은 감 한 알

콕 콕 콕
까치 한 마리 날아와 쫀다

허공이 맞물려 터진다
홍건하게 고이는 고요

감나무는 마지막 이승을 내주고
허공은 빈 가지를 끌어안고

초겨울의 내부가 안팎으로 넓어질 때
쓸쓸히 여위어 가던 일곱 살 등성이

제4부

바다와 빗방울

녹두알만 한 빗방울이 바다로 뛰어들면
녹두알만큼 바다가 튀어 오른다

완두콩만 한 빗방울이 바다로 떨어지면
완두콩만큼 바다가 폴짝 튀어 오른다

빗방울은 제 크기만큼 바다를 밀쳐내고 바다가 되고
바다는 빗방울을 품고 바다가 된다

바다가 빗방울 하나를 들이면서도
저처럼 소리 없이 튀어 오르는 것은

태양 아래 가장 낮게 누워 있기 때문이다
그림자 없는 투명한 몸이기 때문이다

거푸집

대문 밖 머언 발소리에도
황급히 문을 열고 맨발로 뛰어나오셨다

바람이 차다, 에미야

나는 무엇으로 지어졌나요, 위풍이 센걸요
하필 수양버들 가지에 주춧돌을 놓아주었나요
텅 비어 도롱이벌레처럼 흔들려요

네 어깨가 여위었구나

눈이 내려요, 묵은 시름에 천년만년 쌓여요
길이 지워지고 인정이 끊긴
내 언덕에도 오동보라꽃무리가 올까요

절절해야만 꽃은 피고
동트기 직전이 가장 어둡다잖더냐

당신 잠든 앞마당에 새벽 걸음 달려와
멀건 낮달 중천을 기울도록 서성이는데
당신은 영 기척이 없고
바람만 활활활 갈기를 세운다

되돌아가야 할 먼 길

그늘나라

버짐나무 무성한 가지를 잘라낸다
한 살림 녹녹하던 그늘도 바짝 잘린다

둥치 아래 국화 꽃밭이 활짝 열려
빨간 노란 꽃, 출렁 몸을 바꾼다

꽃품에 하늘 들고 맑은 바람 깃들어 퍼지는 향기
궁색하던 꽃밭 한 평이 가을 백 평으로 넓어진다
범나비 꽃등에도 꽃밭 백 평을 가을 만 평으로 넓히느라 날개 엷어진다

방싯방싯 피어나는 국화
그만하면 만개라 이르고 넓은 영토라 부치고
씨를 들여도 부족함이 없겠는데
십일월 내내 꽃심 넓혀 향기를 퍼내고 있다

물관 깊이 드리워진 그늘을 벗는 일이 쉽기만 하겠는가
한 올 한 올 그늘을 빚어 꽃송이 피우던 일을

쉽게 잊을 수 있겠는가

건너 산도 운동장도 고추잠자리도 저녁으로 돌아가면
홀로 남아 여윈 팔다리로 제 몸의 향기를 다독인다

버짐나무가 묵은 껍데기를 벗다 말고 끄덕끄덕 어두워진다

철들 무렵

첫 새벽 바다는 누구를 기다려
드넓고 검푸른 마당에 쌓인 흰 눈을 깨끗이 쓸어놓았나
수평선 너머까지 싸리비 자국 선명하다

식솔들을 두고 와 홀로 옛 아침을 차린다

닭장이 열리고 모락모락 연기 피어오르고 빨래 널리고
누렁이가 마을로 난 작은 고샅을 향해 컹컹 짖는다
백설 가득한 먼 산, 당신은 길을 지우며 사라져 간다

매운 눈물을 아궁이에 지핀다
식은 아랫목이 따뜻해지는데
태양이 뱃길을 활짝 여는데
돌아오지 않는, 돌아올 수 없는
낡은 배 한 척

연 사흘 눈을 털어내고 어깨 가뿐해진 하늘만
맑다

눌은밥

그와 아옹다옹 말다툼하고 나서
잘잘못을 곱씹다 보면 문득 생각난다

멀리 살고 있는 남편 생각에 아침마다
식탁 위에 수저를 놓고 마주앉아 밥을 먹고
그가 좋아하는 눌은밥을 만든다는 사람

먼 객지에서 눌은밥을 받아
수저를 놓고 마주앉아 아내를 생각하며 두고두고 아껴먹는다는
또 한 사람

홀로 있어도 둘이 사는
헤어져 있어도 같이 사는
그 깊은 사랑법 읊조리다 보면
푸념도 노릇노릇 익어 고소해진다

물 안과 밖

가을볕이 짧게 다녀간 뒤
붉나무 이파리가 검붉다 싶었을 때

연못에 꽃 한 송이 솟았다
물 안 어둠과 물 밖의 햇살이
한 호흡으로 빚은 듯

흰 꽃은 물 위에서 웃고
맨발의 뿌리는 여전히
물의 허벅지를 움켜쥐고 있었다

꽃을 에워싼 세계가 잔잔해질 때까지
꽃대는 내내 흔들린다

평생 물속에 잠겨 살아도
꽃은 물 위에 피워보겠다고
보따리 머리에 이고 십리 길 오갔다던 맨발

물 안과 밖
환한 지척 천리 길

탐색

천사의 날개란다, 순을 잘라 주시며
뿌리내리면 화분에 옮겨 심으라 하셨다

물병 속에 꽂아두고 뿌리를 기다리던
하루 이틀…… 환부를 에워싼 물의 침묵에 기죽어
치워버릴까 싶었으나
파란 이파리의 한결같은 표정 앞에서
싱싱한 뿌리를 미리 맞는다

줄기의 가장 아래쪽 상처를 뚫고 실뿌리가 나왔을 때
물맛 깊이 들기 전에
뿌리가 허공으로 솟구치기 전에
흙에 옮겨 심으라 말씀하셨을 때 알았어야 했다
상처가 얼마나 값진 아픔인지
안주(安住)가 얼마나 깊은 수렁인지

죽음을 건너와
삶의 안쪽을 환히 넓히는 천사의 날개

속잎 핀다, 나붓나붓
꽃망울 인다, 망울망울

너를 묻다

바닷가 외딴집
개가 짖는다

방파제를 서성거리는 갈매기 한 마리
구름에 어깨를 묻는 석양

아무도 없다
어디에도 없다

쇠골뼈만 남은 갯벌
저물어 간다

등대도 나처럼
바다를 향해 어깨가 굽었다

초파리

금요일 오후 매실청 담긴 컵을 두고 퇴근했다

월요일 문을 열자 컵을 에워싼 초파리 떼가 사방으로 흩어진다

문 닫힌 사무실 어디서 날아와 수십 일가를 이루고
한 모금도 안 되는 양식을 나누어 태평성대를 이루었을까

내가 절벽이라 믿던 곳을 삶의 발판으로 삼아
한 발만 헛디디면 목숨을 잃는 곳을 터전으로 삼아 번창했을까

발 헛디뎌 죽은 초파리 몇 마리를 잠언처럼 읽으며
오늘을 한 발 살며시 재겨 딛는다

곡예

애벌레 한 마리가 물푸레나무를 내려오고 있다
수 미터 넘는 허공을 외줄에 의지하며
한 발 내딛고 한참을 흔들거리다가 멈추어 골똘하다

등이 한나절 내내 휜다

바람이 온몸에 스치면 낭창하게 줄을 늘여 그네를 타다가도 제자리로 돌아와 직립의 길을 내는 벌레

햇살보다 더 부드럽게 발가락을 건드렸는데 깜짝 놀란 그가 허공을 되감아 오른다
다시 한 번 내 손끝이 닿자 아예 땅으로 뚝 떨어져 버린다

황급히 낙엽 아래 드는 재주나방애벌레
우화의 먼 길
나뭇잎 사원이 그를 품는다

나무 등을 타는 안전한 길을 마다하고 벼랑을 택한 그와

궁궐을 버리고 보리수나무 아래로 거처를 옮긴 이를 생각한다

한 세계가 가부좌를 풀고 한 세계로 건너갔다

궁항

철커덕 어둠의 셔터가 내려졌다
바다가 바다로 돌아가는 시간

바다가 푸른 가운을 벗는다
한갓진 해변 어둑어둑한 뜰에 오 촉 별이 켜진다

밥 짓는 바다와 칭얼대는 어린 것 젖먹이는 바다
추운 빈집에 불을 켜며 폐허라고 읊조리는 바다
TV 켜는 땀 젖은 양말을 벗는 샤워하는 바다

낮달 아래 보았다
지느러미 닳아버린 바다가 찰박찰박 휠체어를 밀고 와서는
비늘 떨어져 나간 바다가 철벅철벅 파도를 끌고 와서는
암만해도 마주앉아야 할 시간이 짧다고
어디론가 창황히 사라져가던

발등 부어 돌아오는 배의 길을 품고
하얗게 부서지던 바다가

물너울 너울을 품고 단잠에 드는 밤

돈 세고 욕하고 술 마시는 바다
금줄 쳐지고 상여 나가는 바다

바다로 돌아간 바다의 중천에 달이 걸린다
바닷물과 달빛이 깊이 맞물린다

룽룽 타임

도서관 간다, 차잠차잠
자판기 커피 한 잔은 통과의례
동서고금이 열리면

어스름 질퍽한 옛길 뱀이 똬리 틀던 오솔길 혹은 구름다리, 생은 여기서부터 흔들렸고 신을 원망했지만 일기장에 착한 백성이라 주석을 달아주는 바람에. 나는 표지 찾아 떠도는 양치기, 말 타고 구름 층계를 달린다. 얘야 얘야! 말발굽 가슴에 박혀도 두 손 모으시는 어머니. 아버지는 바람 바람기, 바람으로 떠났네.

나는 구름 왕좌에 오른 벌거숭이 임금. 양과 장미와 보아구렁이 꿈틀대는 소행성의 어린 왕자. 조나단 리빙스턴. 지리산 계곡에서 부활을 꿈꾸는 우투리. 날개를 수선해야 할 텐데, 더 은밀해져야 몸을 찾겠어. 내일은 그녀가 지네 재물이 된다지. 참! 나는 두꺼비.

무슨 말이지? 나는 수억 년 동안 미궁. 나를 찾을 땐 브르테

니 백과사전과 네이버 지식인을 즐겨 찾지. 때론 구글 어스까지. 거미줄 친 하얀 나비 미니 홈피를 일촌처럼 읽지. 그래도 답 모르면 『신과 나눈 이야기』를 뒤적이지.

왔다 갔다

마음에 짚이는 게 있었나

동백 꽃가지에 햇살이
어제보다 오래 앉았다 갔다
애써 묻지 않았다

출렁, 꽃이 진다

쪽달에게 한쪽 무릎을 내주며 여위어 가는
기인 공백기
숭어리숭어리 꽃을 삭제해도
뿌리에 기록되는 이별의 이력

붉어,
꽃은 다시 핀다

해설

허공, 그 꽉 찬 생멸의 공간

―심옥남의 시세계와 생명횡단의 법칙

정옥상 시인·원광대 교수

심옥남의 시들은 삶에 대한 시인의 깊은 성찰을 보여주면서도 사물을 바라보는 신선한 시각이 돋보이는 시들로서 다양한 상상력의 표현을 보여준다. 그는 무엇보다 사물의 내면 깊이 들어가 그 움직임의 파동을 섬세하게 꿰뚫어 이미지화하는 능력이 탁월하다. 좋은 시는 잘 구축된 시적 이미지에 의해 시적 형상화가 잘 되어 울림의 폭이 큰 시라 할 수 있겠다[1]. 그런 관점에서 볼 때 심옥남의 시들은 그 울림의 폭이

---

1) 시적 울림은 바슐라르에 의하면 시적 이미지에 의해 촉발되는 것이며 어떤 시가 독자에게 감동을 준다면 그것은 시적으로 잘 형상화된 언어가 그에게 울림을 일으킨 것이다.

크다. 그의 시적 공간은 처연하고 아름다우며 그가 그려내는 마음의 풍경은 상상력이 빚어낸 시적 이미지들로 풍요롭다. 「파랑노랑」에서 잘 형상화해보이듯 시인의 상상력의 나무가 창작의 고통 끝에 "홀연히" 내어놓는 시적 열매들은 그 고통의 농도만큼 성숙의 단물이 고여 향기롭고 맛깔스럽다. 그 결실들은 시적 대상에 대한 시인의 신선한 인식을 보여주면서도 시적 긴장감을 잃지 않고 독자를 아름다운 이미지의 향연으로 초대한다.

심옥남의 이번 시집에는 자연법칙에 따른 생사의 순환을 형상화한 시들이 많이 들어 있는데 그 시들을 관통하는 주제는 일종의 '생명횡단의 법칙'이라 할 수 있겠다. 시인은 그만의 신선한 시각과 독창적인 시적 이미지들로 그 주제를 표현하는데 허공은 시인에게서 영원한 생멸의 순환이 전개되는 시적 공간으로 부각된다. 그것은 시인으로선 가닿을 수 없는 저편 세계의 영상이기도 하고 태아인 그를 품는 어머니의 자궁이기도 하다.

허공, 그 꽉 찬 생멸의 공간

심옥남의 상상력 속에서 허공은 모든 존재의 시원의 공간, 원형적 모태공간으로 환기된다. 그곳엔 본질적으로 영원히 머무는 것이 없기에 텅 빈, 그러나 아무것도 없는 그 자리에 끊임없이 뭔가 생겨났다 사라지며 매 순간 생멸의 움직임이 있기에 꽉 찬 허공이다. 시원의 공간에서의 이 영원한 생명의 순환을 시인은 팽창과 수축의 길항관계로 형상화한다. 그곳에선 매 순간 하나하나의 생명체들이 제각기 중심을 향한 응집과 내적 팽창운동으로 부단히 허공을 채워가고 또한 채워지는 만큼 동시에 거기서 빠져나가는 것들이 있다. 그래서 「쉬프트+알트+N 단축키」에서 보여주듯 허공은 "고밀도다", "고탄력이다". 시 「표면장력」에서 시인은 이 침묵의 허공에서 영속되는 생멸의 순환 움직임을 첫 행부터 침묵—엠보싱이라는 신선한 이미저리로 형상화한다.

침묵은 올록볼록 엠보싱

수만 평 공동묘지 한구석에 어머니 아버지를 묻었어요
가난은 애장품, 반은 어린 가슴에 반은 땅에 둥근 못을
쳤어요
파란만장 너울도 몇 삽 흙으로 봉합해요

한 줄기에 한 송이 연꽃처럼 완성되는 무덤은
일생(一生)이 압축된 고전

태양이 작동되면 묘지엔 침묵의 밀도가 팽창되죠
푸드덕푸드덕 적막이 날아올라 허공까지 엠보싱

떠난 사람들은 미래의 어린이가 된다지
공을 굴리고 비눗방울을 날리렴
가이아의 품은 울울창창하지

두 손을 모아도 기도는 점점 더 척박해져요
오늘도 초인종을 눌러요, 제발
묵묵부답이 둥근 이곳
유효기간 지난 그리움이 쭈글쭈글해집니다

또 한 분 가난이 복제되는 공동묘지
소심한 묘비는 통성명도 나누지 않아요

하늘은 무덤을 방목하여 푸르고
나는 잿빛 구름을 거두며 폭삭 무너져요

배롱나무 그저 눈시울이 붉어요

—「표면장력」 전문

시원 공간에서의 생사의 순환을 형태적으로 올록볼록한

무늬를 찍어내는 요철기법인 엠보싱이란 이미지로 형상화하는 시인의 상상력은 참으로 놀랍다. 무엇보다 주목할 것은 이 영속적인 생명의 순환 이미지리인 침묵—허공—엠보싱 공간에서 개체적 생명체의 생성과 소멸의 도정을 시인이 표면장력의 원리를 시적 장치로 활용하여 보여주고 있다는 점이다. 표면장력의 작용에 의해 맞붙어 있는 두 대상 사이에는 팽창과 수축의 길항관계가 형성되어 경계면에서 힘이 강한 쪽이 볼록하고 약한 쪽이 오목한 형상을 띠게 된다. (여기서 엠보싱의 시각적 이미지가 이미 부각되고 있음을 주목하자.) 표면장력에 의해 생성된 물방울이나 비눗방울이 내부를 향한 생명의 응집력이 지속되는 동안 팽팽한 구력을 유지하며 살아남다가 일정한 시간이 지나면 그 구력이 수축되고 와해되고 말듯이 개체적 생명체인 '나'는 생명 응집력의 유효기간이 지나면 덧없이 꺼져버리는 비눗방울과 같은 존재다. 허공에 날아가는 비눗방울이 표면장력의 작용에 의해 잠시 볼록한 형태를 유지하다 이내 표면이 쭈글쭈글해지며 폭삭 꺼져버리듯 모태공간인 무(허공)에서 생명이 생겨났다가 사라지는 것도 그와 같다. 즉, 표면장력의 작용에 의해 그 구체의 응집력이 유지되는 유효기간이 개체적 생명체에겐 그의 생명 횡단 도정과 일치하는 것이다.

무의 공간에서 영속되는 생멸의 순환을 표면장력이나 엠보싱 기법의 결과물로서 형상화하는 이 시에서 시적 이미지의 흐름을 살펴보면 올록볼록한 형상은 원 혹은 구(球)의 이미지 및 파도와 순환 이미지로 표현된다. 원 혹은 구(球)의 이미지는 '무덤—둥근 못—비눗방울—공—초인종'으로 연결되고 파도 및 순환 이미지는 '엠보싱—올록볼록—너울—파란만장'으로 이어지는데 이 후자에 소리 파장 이미지를 환기하는 '푸드덕푸드덕'도 합류하며 공감감적으로 시적 형상화에 기여한다.

푸드덕푸드덕 적막이 날아올라 허공까지 엠보싱

탄생 이전의 공간, 절대 침묵의 허공인 무의 공간에서 생명체들의 끝없는 생성과 도약, 그리고 소멸의 사이클을 형상화하는 이 시행(詩行)에서 시인은 새의 날갯짓이 허공에 남긴 소리의 파장 이미지를 엠보싱의 시각 이미지와 결합시켜 시원의 허공 속에 영원히 물결치는 생사의 파도 이미지를 공감각적으로 그려내고 있는 것이다. 시인은 그와 같은 방식으로 생멸의 엠보싱 이미지[2)]를 전체적으로 구축해내고 있는 것이다.

한편 개체적 생명체의 죽음이 또 다른 생명의 탄생으로 이

---

2) 이 생멸의 엠보싱 이미지는 산 자와 죽은 자의 공간이 올록볼록 대비되는 공동묘지의 풍경에 의해서도 이미 환기된다.

어지며 생명의 순환이 지속되는 것을 시인은 모든 생명체의 모태인 "가이아의 품은 울울창창하"니 "공을 굴리고 비눗방울을 날리렴"이라고 말한다. 여기서 '비눗방울'이 매 순간 태어나는 개체적 생명체의 상징이라면 '공'은 우주 어머니가 굴리는 생명 순환의 공, 혹은 윤회의 상징 이미지라 할 수 있겠다.[3] 그 순환 속에 잠정적으로 살아남은 개체적 생명체인 '나'는 삶의 비밀을 봉인하고 있는 듯한 무덤 앞에서 떠난 이들을 향해 그 비밀을 알려달라는 듯 간절히 기도를 올려보지만 그러나 내가 아무리 저편 세계로의 출입문의 "초인종을 눌러"봐도 "묵묵부답인 둥근 그곳", 무덤은 말이 없다. 그리하여 기다림에 지친 '나'의 기도도 "점점 척박해"지고 떠난 이에 대해 팽팽하던 '나'의 그리움의 표면장력도 유효기간이 지나 점차 "쭈글쭈글해"지고 시들해진다. 그러는 동안 초연한 신의 섭리처럼 "하늘은 무덤을 방목하며 푸르고" 저편 세계의 침묵에 대한 나의 갈증은 더 커져만 가며 결국 표면장력의 유효기간이 다한 비눗방울처럼 '나'는 그 침묵 앞에서 "폭삭 무너지"고 마는 것이다.

개체적 생명체의 삶에서 죽음으로의 이행은 거역할 수 없

3) 한편 이미지 차원에서 비눗방울에 비해 그 생명력과 유효기간이 좀 더 길고 더 단단한 물질인 공이 통통 굴러가는 움직임으로 항속적 생명의 운행을 환기하는 것 또한 적절하지 않은가.

는 일방통행의 운명이다. 그 생명횡단 도정에서 우리가 선택할 수 있는 것은 다만 그 길을 어떤 보폭으로 걸어가느냐, 혹은 그 도정에 어떤 족적을 남기느냐가 관건일 것이다. 그것이 시인의 중심화두인 듯하다.

심옥남 시인의 시에 반복적으로 나타나는 '보폭'과 '족적'이라는 시어는 그가 그려내고자 하는 생명횡단의 법칙과 도정에서 일종의 시적 모티브 기능을 한다. 그것을 이미지 차원에서 살펴보면, 탄생에서 삶으로 건너가는 보폭은 중심을 향한 집중, 내적 공간의 확장, 팽창의 이미지들로 표현되는 반면 삶에서 죽음으로 건너가는 보폭은 수축, 와해의 이미지로 부단히 표현된다.

모태공간과 탄생을 위한 보폭

탄생 이전의 태아 상태의 '나'를 품는 모태공간의 형상화는 심옥남의 시적 공간에서 의미심장하게 부각된다. 그것은 두 가지로 대별되는데 하나는 울울창창한 가이아의 원형적 모태공간이고 다른 하나는 시인의 유년의 기억에 뿌리를 둔 듯한 풍경으로 사적 신화를 구성하는 모성 공간이라 하겠다. 후자는 「동굴의 이면」이나 「거푸집」에서 환기되는 바, 다소 불안하고 위태로운 공간으로 형상화되는 데 비해 전자는

「천년의 잠」 속 도롱이벌레의 안정적인 안식처나 「바느질 35」가 환기하는 밤하늘 어머니의 품처럼 자궁 속 태아상태의 나를 포근하게 품는 원형적 모성 공간으로 그려진다.

「바느질 35」의 밤하늘 어머니는 만물을 "실밥 하나 없이" 완벽하게 잇대어 곱게 지은, 아름답고 포근한 성단—꽃이불로 모든 생명을 따듯하게 덮어 감싸주며 그 안에서 계절을 열고 꽃을 피우는 우주 어머니다. 그에 비해 「거푸집」이나 「동굴의 이면」이 보여주는 모태공간은 태아에게 위태로운 생존 공간으로 "하필 수양버들가지에 주춧돌을 놓"(「거푸집」)아 작은 바람에도 흔들리며 대롱거리는 도롱이벌레의 거푸집처럼 헛헛하고 불안한 공간이거나, 태아인 내가 갇혀 있는 늙은 어머니의 위태로운 자궁—어둠의 동굴처럼 그려진다.

「동굴의 이면」은 어두컴컴한 동굴로 형상화된 늙은 엄마의 자궁으로부터 세상 밖으로 나가고자 필사적으로 몸부림치는 태아의 몸짓을 보여준다. 이 공간은 시인의 내적 공간을 상징하기도 하는데 태아인 시적 화자는 불안과 두려움 속에서 어둠 속 허방을 딛는 듯한 느낌과 보폭으로 그 동굴—자궁의 컴컴한 복도—산도를 통과해 바깥세상 빛을 향해 나아가고자 애면글면한다. 그는 "저벅저벅 어둠이 역류하는 복도"인 자궁 속 산도의 가파른 층계를 통해 "검은 계단의 호흡에 발걸음을 맞추고/굳은 관성의 몸을 수차례 안쪽으로 꺾"으며 조심조심 발부터 내민다. "출구를 찾아 필사적으로 숨을 몰아쉬"며 "어깨를 안쪽으로 말고 밖을 향해 보폭을 넓히"며 그는 어둠의 산도에서 빠져나가고자 사력을 다해보나 그가 "걸어온, 걸어야 할 길"은 공중 사다리처럼 위태롭다. 태아는 그곳에서 "흔들리고 휘청이며" 마침내 어렵사리 산도를 빠져나오지만 빛의 세상은 핏덩이를 환영해주지 않는다. 바깥세상엔 강풍이 몰아치고 있었고 엄마는 "숨 멎은 나를 제물처럼 윗목으로 밀치셨다"고 시적 화자는 태어나자마자 내쳐진 핏덩이의 기억을 말한다. 그 버림받은 기억의 트라우마로 인해 시적 화자는 여전히 그 탄생의 산도 어둠 속에서 출구를 찾고 있는 듯 보인다.

사력을 다해 걸어온, 걸어야 할 길

첫울음을 복도에 두고 와 울 수도 없었다
숨 멎은 나를 제물처럼 윗목으로 밀치셨다
엄마엄마

복도는 하늘과 땅을 잇는 사다리
때론 흔들리고 휘청이며
나는 매일 복도를 답사한다

—「동굴의 이면」 부분

시인은 새로운 탄생을 위해 위태롭고 불안한 발걸음으로 그 산도—복도를 "매일 답사"해 보지만 그의 보폭으론 한 걸음도 전진하지 못한 채 늘 제자리를 맴도는 것처럼 느끼는 것이다. 그가 확인하는 것은 악순환의 삶일 뿐인 듯하다. 출구가 보이지 않는 삶. 어찌하면 거기서 벗어날 수 있을 것인가? 그 근원적인 물음에 대해 시인은 부단히 답을 찾고 있는 듯하다.

그 답을 찾기 위해 시인은 단호한 직립 의지와 중심을 향해 균형 잡힌 보폭, 승화의 꿈과 그 족적을 부각시키는 시들에서 그가 모색하는 방향을 보여준다.

직립 의지와 균형 잡힌 보폭

「푸른 송곳」은 그 어떤 풍파에도 중심을 잃지 않고 몸을 꼿꼿이 세워 단호하고 거침없이 생명의 길을 가는 메타세쿼이아의 직립 의지를 보여준다. 이 시에서 나무는 단전에 힘을 모으고 등뼈를 곧추세운 채 뿌리 끝까지 중심과 균형을 잡아 어둠에서부터 빛(하늘)을 향해 단단한 길을 낸다. 생명을 향한 그 단호한 직립 의지와 힘찬 행보를 시인은 다음과 같이 역동적으로 묘사한다.

가장 여린 가지 끝을 벼려 길을 내는 나무는 안다
하늘로 가는 법을

단단한 허공

―「푸른 송곳」 부분

나무의 기운이 허공에 남긴 보이지 않는 족적을 형상화하는 이 묘사에서 마지막 시행, '단단한 허공'은 특히 신선한 울림을 일으킨다. 이 이미지는 실체가 없는 대기에 단단한 물질성을 부여함으로써 하늘로 솟구쳐 오르는 나무의 움직임을 마치 송곳이 단단한 물체를 뚫고 들어가는 것처럼 상상하게 만든다. 이 신선한 이미지 덕에 독자는 모든 역경을 뚫고 자신의 길을 개척해가는 역동적 존재로서의 나무의 단호한 상승 의지를 읽게 되는 것이다.

「물 안과 밖」에서도 그와 유사한 행보가 부각된다. 거기서는 자식에게만은 자신의 어둠을 물려주지 않고자 꽃송이를 물 밖 환한 빛의 세계 속에 내놓고 만개시키고자 애쓰는 연꽃 어머니의 모습이 묘사된다. 연꽃 어머니는 흙탕물 연못 어둠 속에 삶의 뿌리를 내린 채 그 어떤 바람이 흔들어대도 중심을 잃지 않고 "물 안 어둠과 물 밖 햇살이 한 호흡으로 빚은" 듯한 꽃송이―자식을 살려내기 위해 봇짐을 머리에 인 채 맨발로 흙탕물 지척 천리 길을 걸어간다.

평생 물속에 잠겨 살아도
꽃은 물 위에 피워보겠다고
보따리 머리에 이고 십리 길 오갔다던 맨발

물 안과 밖
환한 지척 천리 길

—「물 안과 밖」 부분

생명횡단의 도정에서 이와 같은 행보는 결국 내적인 어둠과 무거움을 떨쳐버리고 빛을 향한 비상의 꿈, 승화의 꿈을 부각시킨다. 이번 시집에서 우리는 그러한 꿈이 남긴 족적들을 도처에서 발견하게 되는데 「나방이」, 「족적」, 「야행성」, 「파랑노랑」을 비롯한 많은 시들이 그러하다. 그 시들은 보다 환한 세상을 향해 도약하고자 하는 생명체들의 필사적인 몸짓과 그 흔적을 보여준다.

승화의 꿈이 남긴 족적

「나방이」의 시인은 환한 유리창의 빛을 향해 뛰어드는 나방이에 자신을 비유하며 "닿을 수 없는 것들은 언제나 눈앞에서 환하게 빛났다"고 고백한다. 그는 저 높은 곳의 빛을 향해 비상을 꿈꾸며 날아오르고자 하나 그 빛이 허상이었다는 걸 깨닫는 순간 추락하고 마는 나방이와 자신을 동일시한다.

새들이 잠들었어 자! 돛을 올려

해는 이미 솔섬 그림자까지 품고 잠들었지만
달은 구름 속에서도 환하지
불빛을 향하여
부드럽게 잎사귀 물결 지는 어둠을 날아올라

저물녘 수숫잎에 애기바람 안기듯 내려앉은
나방의 시간
꽃인 듯 꽃밭인 듯 환한 유리를 껴안고 가마득 깊어간다

닿을 수 없는 것들은 언제나 눈앞에서 환하게 빛났다
수천수만 번 가슴과 배 들썩여 날아도 변방을 면할 수 없던 날들
파도 소리 등을 쳐도 요지부동 앞을 가로막던 투명한 유리벽

꽃봉오리 품고 폭풍 건너온 동백나무와 마주앉아

꾸역꾸역 늦은 저녁을 삼킨다

어둠이 닻을 내려야 깃을 켜는 나방과 나
등대 불빛 향하여 날개를 편다

바다 창엔 달 발자국 깊이 파인다

—「나방이」 전문

어둠의 바다에서 나방이에게 등대 불빛처럼 구원의 신호를 보내오던 그 빛은 실은 유리벽에 투영된 빛의 반사에 불과했던 것이다. 투명하기에 장애물임을 인지하지 못했던 유리벽과 부딪치는 순간 나방이는 추락하고 말며 시적 화자는 환상에서 깨어난다. 순간 그는 "수천수만 번 가슴과 배 들썩여 날아도 변방을 면할 수 없던 날들"이 자신의 현실임을 새삼 깨닫는 것이다. 마지막 시행에서 '바다 창'에 깊이 팬 '달 발자국'은 결국 나방이—시인이 빛을 향한 비상의 꿈에서 추락하는 순간 그의 내면에 남겨진 트라우마의 족적을 환기하는 이미지가 아니겠는가. 시 「족적」과 「야행성」에서도 그와 동질적인 발자국들이 발견된다.

「족적」의 시인은 먹이를 구하기 위해 새 한 마리가 어둠 속 해변에서 비상하는 순간 남긴 족적에서 어부 아버지가 매일 새벽 배를 진수시킬 때 남긴 그것을 본다. 그것은 "깃이 헐어 날리도록 날개를 접었다 편다/가장 낮은 곳에서 먹이를 구하는/무릎 꺾인 삶의 궤적"이며, 「야행성」에서 "새벽을 파내려 간" 신문팔이 소년의 발자국이나 "어둠을 쓸어 담던 청소부"의 발자국들과 동질적이다. 그 발자국들은 "낭떠러지 까마득한 허공/유리벽에 아슬아슬 몸을 옮기며" 먹이를 구하러 "밤을 파내려 간 민달팽이"의 발자국처럼 사무치게 먼 노역의 길을 보여주지만 시인은 그 "어둠을 새긴 음각들"과 같은 족적들이 "눈부시다"고 역설적으로 표현한다. 그 족적들에서 시인은 종국적으로 저 해변의 물살처럼 "한 발 내딛기 위해 몇 발씩 뒤돌아 나가는/느리고 둥근 보폭"(「둥근 보폭」) 이더라도 고통스런 삶의 도정에서 결코 걸음을 멈추지 않는 승화 의지와 꿈을 읽는 것이다.

시인은 자신의 삶의 도정을 바로 그런 보폭으로 걸어가고 싶은 것이리라. 「여여한」에서도 보여주듯 매 순간 마음의 무게중심이 어느 한쪽으로 기울지 않도록 균형 잡힌 보폭으로 말이다. 「그늘나라」 「백도(白道)」와 같은 시가 자연 속에서 영속되는 생명의 흐름을 그려내며 부각시키는 것도 바로 그러한 보폭이다.

그와 같은 보폭으로 시인은 자신에게 주어진 삶의 도정을 걸어가고자 한다. 그리고 그 길 끝에 다다랐을 때 「파랑노랑」에서 은행나무처럼 생을 마감할 수 있기를 바라는 것이리라. 즉, 내면의 고통이 다져질수록 내적으로 더 단단해지며

마침내 성숙의 단물이 고여 향기롭고 맛깔스런 열매를 홀연히 내놓고 "시퍼렇던 색 횡단의 법칙이 바뀌어 노랑/결별이 거침없"(「파랑노랑」)도록 그렇게 한 생의 도정을 마치고 싶다는 것이리라.

이번 시집에서 생명횡단의 법칙을 보여주는 시들은 결국 고통스런 삶의 무게를 홀연히 벗어던지고 가벼이 이승을 뜨는 넋처럼 중력의 법칙을 벗어던진 영혼의 가벼움을, 그 자유로움을 갈망하는 시인의 꿈을 반영하는 시들이라 하겠다. 그것은 궁극적으로 존재의 무거움에서 가벼움으로 건너가는 보폭을 지향하는, 바슐라르식으로 말하면 대지적 삶에서 공기적 삶으로의 이행을 꿈꾸는 그런 시들이다. 그와 같은 차원에서 가장 공기적 보폭을 보여주는 시는 아마도 「쉬프트+알트+N 단축키」인 듯하다.

「쉬프트+알트+N 단축키」는 「표면장력」과는 대비되는 어조로 허공, 그 꽉 찬 생멸의 공간에서 항속적으로 자동 실행되는 생명의 흐름을 다음과 같이 표현한다.

꽃향기 펄 펄 펄 넘치면
다시 그 향기, 여백까지 지정하고
쉬프트+알트+N 글자키를 누르는 허공
바람이 재금, 재금, 재금 자리를 좁혔을 테고
향기가 졸, 졸, 졸 바람 곁으로 올라섰던 거야"

—「쉬프트+알트+N 단축키」 부분

“지는 꽃잎 한 장, 바람 한 톨까지 품고/제 스스로 알아 자동 실행되는/쉬프트+알트+N. N. N”. 허공의 그 단축키에 의해 그 어떤 개체적 삶의 궤적도 남기지 않는, “궤도는 있으나 궤적이 없는”(「백도(白道)」) 생명의 흐름을 시인은 그의 시에 담아내고 싶어 하는 것이다.

「사원」의 시인이 시상(詩想)을 상징하는 아름다운 새소리 대신 겨우 목숨 부지한 채 “떼엑떼엑” 우는 매미 울음소리만 남겨진 그의 시의 사원에서 “애도가 용납되지 않는다”고 자책하는 것도 바로 그 때문이 아니겠는가.

시의 사원

「사원」은 시인이 구축하고자 하는 시의 사원과 현실적 결과물 사이의 간극을 부각시키는 시다. 이 시에서 시인은 시어/시상/새소리라는 이미지 연결에 의해 시적 영감의 세계를 형상화하며 온갖 새소리처럼 다양하고 풍부한 울림을 일으키는 시상들로 멋진 시의 사원 한 채를 구축하고자 하는 열망을 보여준다.

날개가 있었죠

연지 마당 약사여래 손바닥에 죽지 다른 새들이 모여요
휘휘 찍찍 쿡쿡 절 한 채를 모셔요
궁궐에서 날아왔을까 무덤에서 솟구쳤을까

삼삼오오 서로 다른 음계 서로 다른 옥타브
길고 짧은 문장들이 제단에 차려져요
간구일까 감사겠지 웃음일까 울음일 거야

온갖 새소리를 즐겨
마당은 가장자리까지 붐비고 대웅전 꽃살문도 활짝 피어요
소리들이 줄렁줄렁 구석방까지 차오르면
날개 잃은 한쪽 견갑골이 시큰시큰 아려요

—「사원」 부분

시인의 창작 시간과 그 과정을 보여주기도 하는 이 시에서 사찰 마당에 서 있는 약사여래가 시인 혹은 그의 상상력을 화신하는 존재라면 그의 손바닥에 날아든 온갖 새들은 시어 혹은 시상을 상징한다고 볼 수 있다. 그 시어/시상/새들이 시인의 손바닥, 즉 창작 공간에 모여앉아 "삼삼오오 서로 다른

음계 다른 옥타브"로 "길고 짧은 문장들로 제단"을 차리고 절한 채, 즉 시의 사원을 짓는다. 그리하여 시적 공간인 사원은 삽시에 "구석방까지" 시상—새들의 노래 소리가 줄렁줄렁 차오르며 아름다운 콘서트장처럼 풍요로운 소리의 반향으로 가득 차는데 그 울림이 절정에 이르는가 싶은 순간 갑자기 시상이 끊겨버리고 당황한 시인은 문득 자신의 한쪽 날개가 떨어져 나간 아픔을 의식한다. 시적 영감이 덧없이 사라져버린 것을 깨닫는 순간 상실감에 빠진 시인은 어미 잃은 새끼새처럼 이렇게 한탄한다.

> 문득 둥지를 떠나버린,
> 나를 버려서 가벼운 당신이 명부전에 있지만
> 도무지 당신을 이미지화할 수 없고
> 파닥이며 다가갈수록 아득해지는 접경
> 애도가 용납되지도 않아요
>
> 여기는 새들의 사원
> 겨우 목숨을 부지한 매미가 떼액떼액 울어요
> 내 울음과 채도가 같아
>
> 겁도 없다 싶어요
>
> —「사원」 부분

시는 어디로부터 오는가? 시인의 입장에서 보면 시적 영감의 도래는 우발적인 것이다. 시적 영감이란 시인이 찾아내는 것이 아니라 그에게로 오는 것이다. 시적 영감을 놓쳐버린 시인은 여기서 어미 새를 잃어버린 새끼 새처럼 "문득 둥지를 떠나버린/나를 버려서 가벼운 당신"을 되찾아보고자 애면글면 남은 한쪽 날개를 파닥거리며 본다. 그러나 "다가갈수록 아득해지는 접경"의 "당신"을 그는 도무지 "이미지화할 수 없"어 깊은 슬픔에 빠지고 그의 사원에는 어느새 아름다운 새소리는 다 사라지고 "겨우 목숨을 부지한 매미가 떼액떼액" 우는 소리만 요란할 뿐이다. 시인은 그 울음이 자신의 울음과 "채도가 같"다고 자조적으로 고백한다.

좋은 시인은 말의 일상성, 표현의 상투성의 틀을 깨고 신선한 시적 몽상을 불러일으킬 수 있는 시어를 찾고자 늘 부심한다. 여기서 겁도 없이 떼엑떼엑 우는 매미 울음소리란 이미 많이 써서 신선함이 느껴지지 않는 말들, 꿈꾸게 하지 않는 말들을 의미하는 것이다. 시인은 그 요란한 매미 울음소리 같은 것이 그가 처음부터 부르고자 했던 노래는 아니었으므로 차마 변명조차 할 수 없어 "애도가 용납되지 않는다"고 자책하는 것이다.

시인이 궁극적으로 꿈꾸는 시는 무엇인가? 아마도 「꽃의 고도」에서 시적 화자의 옛집 뜰에 환하게 피던 목련꽃—어머니가 그에게 펼쳐 보여주는 "저 수두룩 은백의 문장들, 무늬들, 물결들"처럼 본질적으로 인간의 언어의 속도로 따라잡을 수 없는 생명의 흐름을 따라잡고자 하는 그런 시가 아닐까? 그러나 그것이 불가능한 꿈이기에 시인은 "꽃의 속도로 피어날 수가 없어"서 그의 마음이 슬픔으로 결빙된 빙벽과 같다고 말하는 것이 아니겠는가.

불가능한 꿈을 꾸는 시인의 창조 모태인 상상력은 그가 부단히 형상화하고자 하는 저 허공과도 같다. 아무것도 없는 그곳에 뭔가가 일어나 그에게로 온다. 무에서 새 생명이 태어나듯. 그렇게 그를 찾아오던 시가, 시적 영감이 침묵할 때면 시인은 스스로를 텅 빈 거푸집처럼 느낄지도 모르지만 시인은 본래 그런 존재가 아닌가. 바닷가에 뒹구는 소라껍질처럼 텅 빈 거푸집에서도 거기 고인 생의 흔적을 읽어내고자 기웃거리는 그런 존재, 감 한 알에 까치 한 마리가 쪼아 먹은 자리, 그 작은 허공에 "홍건하게 고이는 고요"(「그곳」)를 읽어내는 그런 존재 말이다.

시인의 상상력은 그처럼 현실 속 사물을 다양한 다른 사물로 변형시키기도 하고 현실 속에 없는 대상을 창조하기도 한다. 그의 시적 몽상이 만들어낸 신선한 시적 이미지는 독자의 상상력 영역을 확장시켜주며 우리를 경이로운 세계로 초대한다. 그 초대에 기꺼이 응하는 독자라면 "꽃품에 하늘 들고 맑은 바람 깃들어 퍼지는 향기"(「그늘나라」)를 퍼내고자 오늘도 상상력의 허공을 기웃거리고 있을 저 시인의 절절한 시심 덕에 그의 "궁색하던 꽃밭 한 평이 가을 백 평으로 넓어"(「그늘나라」)지는 기쁨을 어느새 맛보게 되지 않겠는가.

이 도서의 국립중앙도서관 출판시도서목록(CIP)은 서지정보유통지원시스템 홈페이지(http://seoji.nl.go.kr)와 국가자료공동목록시스템(http://www.nl.go.kr/kolisnet)에서 이용하실 수 있습니다.(CIP제어번호: CIP2018019537)

문학의전당 시인선 0284

꽃의 고도

© 심옥남

초판 1쇄 발행 2018년 6월 29일
초판 2쇄 발행 2019년 3월 7일
지은이 심옥남
펴낸이 고영
책임편집 서윤후
디자인 헤이존
펴낸곳 문학의전당
출판등록 제2017-000002호
주소 서울시 마포구 마포대로 11길 91, 3층
전화 02-852-1977 팩스 02-852-1978
전자우편 sbpoem@naver.com

ISBN 979-11-5896-376-7 03810

* 이 책의 판권은 지은이와 문학의전당에 있습니다.
* 양측의 서면 동의 없는 무단 전재 및 복제를 금합니다.
* 잘못 만들어진 책은 바꿔드립니다.
* 이 시집의 발간비 일부는 2018 전라북도 문예진흥기금을 지원받았습니다.
* 이 시집은 〈2018 문학나눔 도서보급사업〉에 선정되었습니다.